はじめてのスプレーマム
変わり咲きを楽しむ

上村 遙

農文協

目次

スプレーマムを楽しむ

準備編 苗や資材の用意

入門編 スプレーマムづくりの基本

プランターでつくる（3本植え）

ガーデンでつくる

'南砺サーモン'

スプレーマムを楽しむ

キクは私たちにとってもっとも身近な花と言えます。

その華やかさや日持ちのよさで、日常づかいから結婚式まで幅広く使われています。

最近では、これもキク?　というような、

さまざまな花型・花色の品種をたくさん見かけるようになってきました。

キクは難しいとか、特別な人がやるもの、

花が咲くまでが長いイメージがあるかもしれません。

でも実際につくってみると、意外なほど簡単で容易に育つものです。

キクのなかでも花型・花色が多彩なスプレーマムは、

たとえばパンジーをつくれる人なら誰でも間違いなく花を咲かせられる、やさしい花なのです。

本書では、やさしいつくり方から、

少し自信がついたらコンテストにも出品できる中級・上級編までを紹介します。

スプレーマムから始めて、ほかのキク、あるいはほかの草花、

ガーデニングの世界、コンテスト（菊花展）に出品できるまでに腕を上げる、

そんなきっかけに本書がなれば幸いです。

まず、スプレーマムの苗を植えてみてください。

スプレーマムってどんな花？

　日本で古くから育てられ、おもに仏花として利用されてきた小ギク。この小ギクがヨーロッパに渡り、向こうの人々の好みに合わせた品種改良が行なわれて、花壇用に、部屋の飾り用に、パーティー用にと用途が広がりました。とくに、オランダで、花がスプレー放射状に揃ってたくさん咲くタイプのものが生まれ、人気を博しました。

　これに注目した日本の研究者たちがオランダのスプレーマムを 1970 年代前半に輸入して日本人の好みや気候に合うように改良し、すばらしい品種を次々と生み出してきました。今ではそうした日本のスプレーマム品種が海外にたくさん輸出されるようになっています。このようにもともと日本育ちの小ギクから発展したスプレーマムですから、日本では簡単に、立派な花が咲きます。

植えて楽しむ、飾って楽しむ

庭やプランターでスプレーマムを育てていると、近所の人や通りがかりの人から、きれいですね、と声を掛けられることがあります。そんなときには1本切ってさし上げたいものです。スプレーマムはほかの切り花に比べると日持ちがたいへんよく、15日くらいはふつうにもちます。そういう意味でも家庭で飾って楽しむには大変嬉しい花なのです。

咲いた花を切って、花瓶に挿して飾る場合は、花が長持ちするように、ひと手間かけてください（次ページへ）。

切り花で楽しむ

あまり難しく考えず、飾ってみたい花を好みの長さで切れば大丈夫です。ただし、蕾が小さすぎると花瓶に生けてから満開にいたらないことがあるので注意しましょう。

余分な葉をとる
矢印の方向にしごくようにすると、
簡単に下葉がとれる

切った花の茎をタライやバケツの水の中でもう1回切り直します。これを「水切リ」といい、切リ口に空気が入りにくく、水揚げがよくなります。

水は少なめにするのが
花を長持ちさせるコツ

　花瓶の水は満水にせず、半分くらいにします。水に酸素がたくさん溶け込んでいないと切り花は早く枯れてしまうからです。花瓶の水は、表面から空気中の酸素が溶け込みます。このため、花瓶の口の近くまで水を入れてしまうと、水量に対して溶け込む酸素の量も少なくなってしまいます。水の量を減らせば溶け込む酸素濃度は濃くなります。

　花瓶の水に、水揚げ剤（㈱ハイポネックスジャパンの「キュート」や、クリザール・ジャパン㈱の「クリザール フラワーフード」など）やトレハロース（菓子材料店やネット通販サイトで販売）を少量入れると、美しい状態がより長持ちします。

どんな品種を植えようか
（秋咲きスプレーマムの変わり咲きミニ図鑑）

　スプレーマムは、先祖の小ギクとはまったく違った花型、花色のものがたくさんあります。導入当初（1970 年頃）はほとんどが一重咲き品種でしたが、近年は急速に多様化しています。たとえば、ボリュームのある八重咲きでダリアにそっくりな花型のものやピンポン球のように丸く咲くタイプ、細い管状の花弁ですっきりした感じのコニファリーマム、真ん中がドーム状に盛り上がるアネモネ咲きなどです。花色も褐色や緑色、黒に近い赤色といっ

た従来のキクのイメージを一新するものなど、実にさまざまです。ですから、皆さんにはこれまでの「菊」のイメージを捨てて、「新しい花」と思って育ててほしいのです。

　スプレーマムの中には、夏や冬に咲く種類もあります。このコーナーでは、もっともオーソドックスで咲き型のバリエーションも豊かな「秋咲き」品種を紹介します。

掲載は執筆時のもの。毎年新しい品種がメーカーなどから発表されている。

ロビン
花型：ポンポン咲き　色：白系
満開になるとほぼ球状になる

オルバ
花型：ポンポン咲き　色：黄系
球状。黄に橙色で花色の変化も楽しい

エース
花型：デコラ咲き　色：ピンク系
小輪多花でテーブルアレンジや花瓶で飾るのに最適

ウソップ
花型：デコラ咲き　色：ピンク系
小輪多花でテーブルアレンジや花瓶で飾るのに最適

モーラン
花型：ダリア咲き　色：ピンク系
1輪仕立て*でダリアのように大きく豪華になる

エピオス
花型：ダリア咲き　色：白系
1輪仕立て*でダリアのように大きく豪華になる

●中心が盛り上がるように咲く「アネモネ咲き」

ルキウス
花型：アネモネ咲き　色：赤系
日持ちがよい

フェルディ
花型：アネモネ咲き　色：ピンク系
花芯が黄色。日持ちがよい

ギュンダー
花型：アネモネ咲き　色：黄系
たくさん花がつき、日持ちがよい

オットー
花型：アネモネ咲き　色：ピンク系
花の変化が楽しめ、日持ちがよい

●和風なアレンジメントでも人気「クラシックマム」「コニファリーマム」

あさきゆめみし
花型：クラシックマム　色：赤系
シャープな印象の特徴的な花弁で華やか

ドーリーピンク
花型：クラシックマム　色：ピンク系
1輪仕立て*大輪になり、さらに豪華

ニキータ
花型：コニファリーマム　色：黄系
細い管状の花弁が美しく、日持ちが
よい

ヌーベル
花型：コニファリーマム　色：赤系
細い管状の花弁が美しく、日持ちが
よい

デュノワ
花型：コニファリーマム　色：黄系
1輪仕立て*にするとより豪華

●オーソドックスな「シングル咲き」、その他変わり咲き

南砺ピンクパール
花型：シングルタイプ　色：ピンク
系　花弁に光沢があり、花房が長い

南砺サーモン
花型：シングルタイプに近い　色：
ピンク系　草姿がよく、コンテスト
にも向く

南砺ワインレッド
花型：シングルタイプ　色：赤系
中輪サイズで、コンテストにも向く

グリーンライナー
花型：花弁が管状で先端が割れた変わり咲き　色：緑系　濃い緑色で「緑菊」とよばれる。ゆっくり開花するので長く楽しめる

黒夕陽
花型：その他変わり咲き　色：赤系　濃い赤色で「黒菊」ともよばれる

白雪姫
花型：風車咲き　色：白系　茨城県牛久市生まれの品種（著者が育成）

●インパクトのある長い花房で、コンテストにも好適──「デルフィマム」

＊1輪仕立てとは
そのまま咲かせてもボリュームがあって見事だが、蕾がついたら早めに周辺の蕾を摘んで、中心の1個だけ咲かせると、さらに大きくなり、ブライダル用のダリアのような華やかな花になる。

サンカルロ
花型：クラシックマム　色：黄系　コンテストにも向いている

ディバー
花型：シングル　色：ピンク系　コンテストにも向いている

生育サイクル（秋咲き）

　スプレーマムは寒さに強く、北海道など寒さのきびしいところを除いて（最低気温が− 5℃以上なら大丈夫）、屋外で冬を越し、「冬至芽（とうじめ）」で増える多年草です。スプレーマムの育ち方の基本は次の通りです。

③ 成 熟 期

秋（9月下旬〜11月頃）

蕾から満開となり、地上部が枯れるまでの期間。

② 感 光 期　**夏（8〜9月頃）**

夏の暑さを経験したのち、日長が13 時間以下になると蕾をつくる。

花芽がついたようす

① 幼若期（ようじゃくき）

春から夏（3〜7月頃）

旺盛に生育する時期。はじめての場合、この時期の苗を買って植え付けることになる。

伸びだした冬至芽

冬至芽
花が終わったあと冬至の頃に
地中から芽が伸びてくるもの
が多いのでこう呼ぶ

④ **ロゼット期**　冬
（12〜2月頃）

寒さに強く、草丈は伸びない。

冬至芽のようす

① 幼若期

　十分寒さに当たったあと、3月頃になって暖かくなると、冬至芽が勢いよく伸び始めます。この時期を幼若期といいます。幼若期に入ると、寒さや乾燥に弱くなるので、寒い地方では晩霜などへの注意が必要です。晩霜などに合うと芯（生長点）が枯れ、芽を摘みとったような状態になります。苗はこのあとに勢いよく伸びた複数の芽先を挿してつくります。

② 感光期

　苗が大きくなり、夏の暑さを経験すると、短日（日が短くなること）に反応して蕾をつける「感光期」に入ります。短日に反応するというのはこういうことです。

　多くのスプレーマムの品種は「秋咲き」で、日の出から日の入りまでの時間（日長時間といいます）が13時間より短くなる頃（関東では8月28日頃）に短日を感じて花芽分化（蕾のもとができること）し、それより約2週間後には蕾が見えるようになります。そして約50〜60日後には満開になります。つまりスプレーマムの場合、日長時間が13時間を切るようになると日が短くなったと感じて（短日に反応して）花を咲かせる準備を始めるのです。

スプレーマムが感じる秋の気配は短日だけでなく、実は朝夕の涼しい気配にも敏感です。したがって標高の高い（500m 程度）地方や東北、北海道などでも蕾がつく時期は早くなります。同じ理由で、残暑のきびしい年は遅くなり、8月末に雨が多かったりして気温が低いと早まります。

③成熟期

花が咲き、種子ができる頃を成熟期と呼びます。花が満開になると、たくさんの花粉が出てきます。花粉が出終わってからメシベが出てくるので、一つの花で自家授粉はおこりにくい仕組みになっています。

メシベが出てきたとき、花粉をつけると種子ができますが、この種子をまいても非常に変異が多く、親と同じものは生まれません。種子をとるのは新品種をつくる場合だけですが、逆にいうとさまざまな変異の中から新しい品種をつくっていく楽しみが大きいのもスプレーマムです（新品種づくりは 67 ページ）。なお、花の期間は約 1 カ月です。

④ロゼット期

花が終わる 11 月末には、咲いた株の茎葉が枯れ始めます。そして、その前後から冬至芽が土中から出てきます。

冬至芽は、寒さと乾燥に耐えるため、芽に糖分などを蓄え、ガッチリした姿で、地上部はほとんど伸びず、根を張って春を待ちます。この期間をロゼット期と呼びます。

＊さて、以上はもっとも一般的な秋咲きスプレーマムの基本の育ち方でしたが、そのすばらしさを知ったあと、もう一度種苗メーカーの品種カタログを見直してみてください。9月に咲く「早咲き」から、12月に咲く「寒咲き」の品種もあるのに気付くことと思います。さらにはもっと早い、まさに「夏咲き」といってよい品種もあります。

5〜6月に開花する品種は夏ギクと呼びます。短日への反応が鈍く、一定の大きさになると蕾をつくり開花します。5〜6月に花を咲かせた後、地際で切って肥料をやると新芽が伸びてきて、秋に再び開花するので「二度咲き」とも呼ばれます。

苗や資材の用意

苗の入手方法

　例年、4〜7月頃まで園芸店やホームセンターで苗が販売されています。とくに4〜5月は種類・数ともに多く出回ります。最初はこうしたところで実物を見て入手するのがよいでしょう。そのとき、「スプレーマム」または「スプレーギク（菊）」などとはっきり表示されたものを選んでください。また、この時期は種苗メーカー（78ページに一覧）のネットショップでも豊富に取り扱っています。それから、秋の菊の展覧会（いわゆる菊花展）などの即売コーナーでも入手できます。この場合は展示されている花をよく見て、気に入った花の名前をメモしておいて、即売コーナーで同じ品種名の苗を探します。また、78ページの種苗メーカーにカタログを請求して、気に入ったものを注文するとより多くの品種から探せます。

　2年目からは、前年育てた株から冬至芽の根分けや挿し芽で簡単に苗を増やすことができますし、友だちと苗を交換することもできます。

市販苗

市販の培養土で OK

　培養土はホームセンターや園芸店で手に入ります。「スプレー菊の土」という専用培土も販売されていて、これを使えば理想的ですが、それ以外でも「キク培養土」「バラの土」「草花の土」などと書いてあるものでもできます。ちなみに、ほとんどの場合、価格と品質は比例しています。自分で用意するなら、腐葉土35％、赤玉土35％、牛ふん堆肥10％、モミガラくん炭10％、ゼオライト10％を混合したものが、スプレーマムだけでなく草花まで広く使えます。

　アパートやマンションでの栽培で困るのは、植え替えのときの古土の処分ですが、最近は古土を燃えるゴミとして処理できる床土資材も販売されている（「アースピート」南出㈱製）ので、これを使うと生育もよく便利です。

専用の培土もある（「スプレー菊の土」㈲ウチダケミカル製）

用意する土の量のめやす

	本書の植え方で使う量（ℓ）	表示の量（ℓ）	鉢の直径（cm）
従来のプランター	14〜15	9.6	－
小型のプランター	10	7	－
7号鉢	4	3.5	21
6号鉢	2.5	2.2	18
5号鉢	1.5	1.3	15

この表を参考に1〜2割程度多めに用意する

肥料の種類

　市販のボカシ肥草花用肥料、キク専用肥料があります。おすすめは、育苗期にリン酸をたっぷり吸わせてやるようなタイプの肥料で、たとえば、「スプレー菊の肥料」という製品も売られています。そのような肥料を使えば、その後、わずかなチッソ施肥量でも見違える生育をします。

　初心者におすすめなのが成分含量が少ないボカシ肥です。これらをプランターや鉢の土面に15〜20日ごとに施用するだけで花つきと日持ちがよくなります。また、週に1〜2回、1,000倍に薄めて使用するような速効性の液体肥料も売っています。なかでもアミノ酸入りと表示されたものは速効性があります。

プランターや鉢の準備

　数多くの種類がありますが、これでなければということはありません。デザインが気に入ったものや、安価なもの、手もちの鉢を洗って再利用してもかまいません。仕事が多忙であまり管理できないという方には、週1回水を補給するだけでよい自動給水式プランター（次ページ写真）まであります。

　このほか、移植ゴテ、ハスロのついたジョウロ、ハンドスプレー、計量スプーン、目盛りのついたバケツなどもあると便利です。必ずしも使うものではありませんが、支柱があると便利です。草丈が長くなってしまったときや、コンテスト（菊花展）に出品する仕立て方などで必要になります。

小さなプランター（右）でもつくれる
左は従来の一般的なサイズ

準備するもの

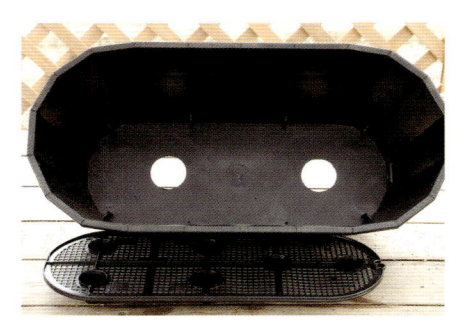

生育の面では底に穴が多くあいたものがおすすめ（写真のプランターの穴はあとで大きくあけた）

テラコッタ（素焼き）のプランター

上部側面に穴があいている専用の鉢「菊鉢」もある

素焼きの鉢とプラ鉢（側面にスリットがあるもの）

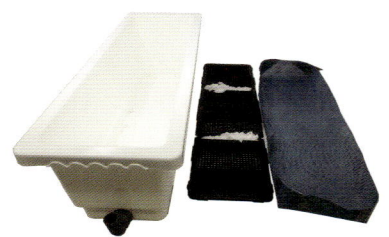

自動給水式プランターもある（「くるスト底面給水プランター」南出㈱製）

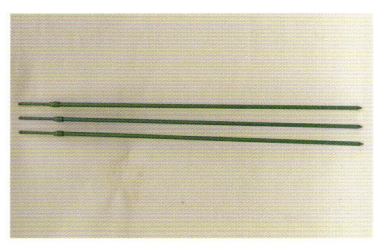

支柱
伸び縮みできるものが便利

ビニタイ
黒とグリーンがある

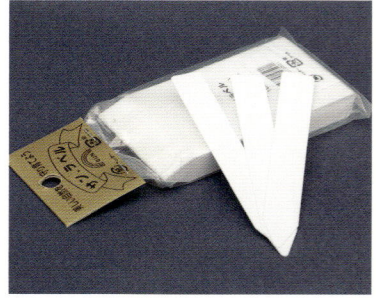

ラベル
品種名や作業メモなどを書く

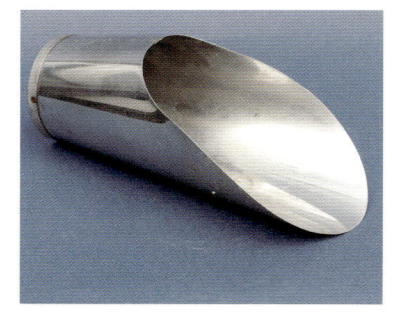

土入れ

管理のコツ──水やり、施肥

水やりのコツ

　プランターや鉢栽培で一番失敗しやすいのは、水のやり過ぎです。スプレーマムは過湿に弱く、乾燥には比較的強いので、土が乾いたことを確かめてからやるようにします。そして、水をやるときは下から水が流れ出るくらいたっぷりやるのがコツです。

　水をやろうか、明日にしようかと迷ったときに、明日に延ばせるようになったら一人前です。

　梅雨明けの7月下旬から8月下旬は高温で乾きやすいため、1日2回、朝と夕方に水をやって失敗する人が多いので注意してください。たっぷりやれば1回で十分なのです。

水さし
水量を調節しやすい

下から流れ出るくらいたっぷりと水をやる
水やりの目的は、水分を与えるだけでなく、土中の空気の入れ替えや老廃物を洗い流すこと

液肥
水5ℓに対しキャップ1杯くらいの原液を薄めて使うタイプが多い

施肥のコツ

　上手に肥料をあげると花数を増やすことができます。苗が小さいうち、はじめは肥料に弱いので、ごく少量やり、その後は2週間ごとに少しずつ量を増やしていきます。9月はキクがもっともたくさん肥料を必要とする時期なので、1日おきに1,000倍の液体肥料（液肥）を水やり代わりに与えてやります。

　「大きくするために肥料を与えるのではなく、大きくなったのだから肥料を多く与える」という考え方が肥料過多による失敗を防ぎます。

液肥をつくるときなどは目盛り付きのバケツがあると便利

品種を選ぶ

　スプレーマムは、花色、花型が多彩で、開花時期もいろいろです。

　たとえば、ダリアのような花型の品種もあります。デコラ咲きと呼ばれる八重咲きで、スプレーマムの中ではもっとも大輪の系統です。スプレーマムですから、蕾がたくさんつき、八重なのでそのまま咲かせても見事ですが、蕾がついたら早目に周辺の蕾をつんで、中心の1個だけ咲かせると、ぐんと大きくなり、本物のダリアのようになります。これもキク？　信じられない、と友だちをびっくりさせられることうけあいです。ぜひ、栽培に慣れてきたら挑戦してみてください。

　このほか、細い管状の花弁ですっきりした感じのコニファリーマム、紙細工のようなユアンシーマム、真ん中がドーム状に盛り上がるアネモネ咲きなど変わったスプレーマムもたくさんあります。

　しかし、はじめはあまり難しく考えず、まず手に入った苗を植えてみることです。2年目以降は、本書の変わり咲きミニ図鑑（10〜15ページ）や巻末の品種表などを参考に、好きな花型や花色の品種をさがしてみてください。友だちと別々の品種を注文して育て、次の年、苗を交換すれば2倍楽しくなります。

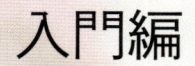

スプレーマムづくりの基本

*本書で紹介するのは、もっとも一般的な秋咲きタイプ（秋ギク）で、栽培スケジュールは関東地方を基準としています。

はじめての人 の年間スケジュール

	1月	2月	3月	4月	5月	6月	
上旬					ポイント	スプレーマムの苗、肥料、土、プランターなどを購入 / 植え付けの適期。プランターに土を入れ苗を3本植える	
中旬					ポイント	植えて7日後にボカシ肥。この日から週1回1,000倍の液体肥料（液肥）をやるとよい / 植えて2週間後、芽先を摘芯（摘む）	
下旬						最初にボカシ肥をやってから2週間たったら追肥する	
注意事項				苗を売っていることもあるが、植えるには少し早すぎる	カタログでの苗注文は4月から開始している	摘芯で枝数が増える。苗購入の適期だが、売り切れに注意	

	7月	8月	9月	10月	11月	12月
	ボカシ肥追肥 ボカシ肥 追肥	ボカシ肥追肥	着蕾		満開	お礼肥をやると翌年の苗のもとになる冬至芽が増える 茎を地際で切ってボカシ肥のお礼肥
	ボカシ肥追肥	ボカシ肥追肥		オルトランなどの薬を土面にまく		
		ボカシ肥の追肥はここまで（止肥）	支柱立て	開花始め	花終了 草丈半分に切って液肥とボカシ肥の「お礼肥」	花が終わって疲れきったスプレーマムに、すぐ効く液肥のお礼肥
	雨の合間に殺虫・殺菌剤入りスプレーを散布	ボカシ肥の追肥は8月末で終了	殺虫・殺菌剤入りスプレーを10日ごとに散布	オルトランなどは約1カ月アブラムシなどの虫害を防ぐ	開花中は肥料はやらない	茎を切ったあとの水やりは10日ごとに乾き気味に

27

プランターでつくる
（3本植え）

ブロックやレンガを置いて暑さをしのぐ

　ベランダやバルコニーで栽培する場合、南側は強い直射日光を受けることがあります。床に直接プランターや鉢を置くと、夏の暑さで障害を起こしやすくなるので、ブロックやレンガを置き、その上に板やコンパネをのせて栽培棚にすると暑さをしのぎやすくなります。寒冷紗などの遮光資材で軽く日除けするとさらに効果的です。

　反対に日光が十分に当たらない場所では、市販の植物活力剤（鉄とトレハロースがたっぷり入った「元気に専科」や「ウルトラパワーイオン」など）を週1回、水やりの水に溶かしてやると、光合成を活発にし、不良環境に耐える力を強化できます。

葉は明るい緑色でガッチリした苗を選ぶ

理想的な苗の形

　葉が明るい緑色で、茎が太く、ガッチリしているのがよい苗です。下葉が黄色くなっていたり、下葉を取り除いた跡のある苗は避けるべきです。そういった苗は病気か老化苗の恐れがあるからです。

　また、葉色が濃い緑色のものはチッソ過剰で体質が弱くなっています。茎葉が大きく一見よい苗でも葉が濃緑色なのは、チッソ過剰か、店で商品（苗）を長持ちさせるために、わい化剤（66ページ）を散布してある可能性が高い苗です。後者に対してはプランターや鉢に植え付けたあと、ジョウロで苗にしっかり水をかけてやると、ビーナインの効力が失われて、以後は正常に生長します。

軽く突き固めながら植える

　6月上旬が植え付け適期です。苗が手に入ったら、なるべく早めに植え付けます。

1 苗をポットから抜く前に水をかけて十分湿らせておく

苗をポットから抜いたようす。あらかじめ湿らせておけば、苗を抜くときに根を傷めないので早く活着する。根は崩さずそのまま植える。

2 プランターの底に鉢底石（軽石、パーライトなど）を敷いて排水をよくする。

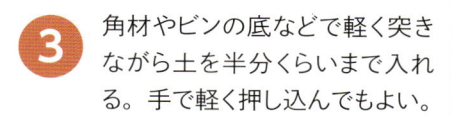

3 角材やビンの底などで軽く突きながら土を半分くらいまで入れる。手で軽く押し込んでもよい。

29

④ 植え付けの位置を決める

苗をポットから抜いて並べ、
植え付けの位置を決める。
最後まで根は崩さない。

⑤ ウォータースペースを確保する

　培養土はプランターのふちまでいっぱいに入れ、上面にウォータースペースが2〜3cm残るようになるまで、しっかり土を押さえます。こうして植えると、土と根とが密着して、根の働きがよくなります。また、土の表面が乾き始めると下部に含まれる水が毛細管現象で上がってくるので、下から上まで、プランター全体にムラなく根が張って、旺盛な生育が長く続きます。

　一般の人がよくやるように土をふんわり入れて植えると、かん水したとき、たくさんの水を含んで過湿状態になりやすく、また根と土が密着しないため根の働きが弱く、固くつめて植えた場合の1/3程度しか働きません。土が乾き始めると、毛細管現象がおこらないので上部がカラカラに乾いて根が十分に張れず、生育が劣ります。

まわりの土を棒で軽く突きながらつめる

突き固め植え

2〜3cm

6 植え付け後はたっぷり水をやる

ジョウロや水差しでプランターの底から水が流れ出るまでたっぷり水をやる。さらに数分おいて再びやる。最後に品種名や作業メモなどを書いた名札（ラベル）を土に挿す。

7 最初の肥料は1週間たってから

小さな苗は肥料に弱く、少し肥料が多いと（とくにチッソが多いと）、苗の芯が枯れてしまいます。苗を植えるときには肥料をやらず、1週間くらい待って、十分活着してから、粉状か粒状のボカシ肥を土の表面にやり、軽く土をかぶせます。

有機肥料の肥効は約20日間続きますが、スプレーマムの生長に合わせて肥料を増やす必要があるので、15日ごとに追肥するのが標準です。苗は生長につれてたくさんの肥料をほしがるようになり、蕾ができる頃には、驚くほどたくさんの肥料が必要になります。たくさんの花を咲かせるためには、ボカシ肥のほかに、週1回1,000倍に薄めた液体肥料を水やり代わりにたっぷり与えます。そして9月に入ってからは1日から15日まで、1,000倍の液肥を一日おきにやるのが非常に効果的です。

肥料をおいたら
軽く土をかぶせる

芽を摘む（摘芯）

　苗が15cmくらいに伸びたら、芽の先端を2cmくらい摘んで側枝を数本のばします（「摘芯」という）。こうすると下からガッチリと枝が育ち、花数も増え、倒れにくくなります。

　植え付けてまもなく、苗が勢いづかない間に摘芯すると上部の芽だけが伸びて、しかも真上に伸びてきてしまいます。摘芯のコツは、芽が伸び出したのを確認して2～3日後に、大きめに摘むことです。

　4～5月など、早い時期に苗を入手して植えた場合は、植え付け後10日くらいたって摘芯すると、たくさんの花を楽しむことができます。

摘芯の効果　芽の先端を2cmくらい思い切って折りとる

折りとった芽

摘みとり後に伸びてきた側芽

花数が増える

摘芯後の草姿

水やりはたっぷりと

　毎度の水やりは、土が乾いたことを確かめて、プランターの底から水が流れ出すくらいたっぷりかけます。

水やりは鉢内の空気を
入れ替える役割もある

過湿による根腐れに注意

　根腐れの原因で一番多いのは、土が湿っているのに水をかけたための過湿によるものです。毎日決まった時間にたっぷり水をかける、まじめな人がやってしまいがちな失敗です。

　土の乾き具合を見て、さらに天気予報と合わせて判断できるようになれば立派に一人前なのですが、はじめのうちはしおれるのがこわいので、つい水をやってしまいます。しかし、スプレーマムは過湿には弱いものの乾燥には比較的強いので、夕方少ししおれるくらいであれば気にしないのが水やり上手になる近道かもしれません。

病害虫対策

　病気も害虫も予防と初期防除が大切です。そのためには、月1回の予防防除と、1匹の害虫あるいは一つの病斑を見つけたら、すぐにその場で防除したいので、園芸店やホームセンターなどで販売されている、殺虫・殺菌剤入りのスプレーを備えておきます。芽先や、害虫、病斑に向けて、30cm くらい離してまんべんなくスプレーするのがコツです（近すぎると薬害がでやすくなる）。予防散布では、芽先だけでなく、葉裏にも薬がかかるように横や下からも散布できれば満点です。

市販の殺虫・殺菌剤入りスプレー

開花前後の水切れに注意

　開花が始まったらしおれさせないことが大切ですので、水切れに注意します。満開が近くなったら水を控えめにするときれいな状態で長持ちします。

このくらい蕾が見えてきたら水切れに注意

花が終わったらお礼肥を

　花が満開をすぎて変色し始めたら、草丈の半分くらいで切り、きれいな花を咲かせてくれてありがとう、の気持ちをこめて、「お礼肥」をやります。こうすることで、冬至芽の発生がよくなります。

　まず、疲れた株を元気づける 1,000 倍の液肥を水やり代わりにやり、次いで株元から少し離れたところに長効きするボカシ肥をやります。液肥は 1,000 倍を 2 回くらい、ボカシ肥は 1 株に大さじ 3 杯。この肥料を吸って元気になった株は、土中から何本もの芽を出します（17 ページ写真参照）。これら土中から出てきた芽は、冬至の頃に発生が目立つことから冬至芽と呼ばれ、翌年の苗のもとになります。半分に切って残った株は、病害虫の越冬場所にしないために、枯れたら年末に地際で切り除きます。

花が終わったら草丈の半分くらいの位置で切る。もちろん早めに花を切って飾ってもよい

お礼肥
このあと軽く土をかぶせる

冬期の水やり

　翌年の苗のもとになる冬至芽は、冬の寒さと乾燥に耐えるため、地上部はほとんど伸びず、糖分を芽や根にためて、根を伸ばしていきます。この時期に水分が多いと耐寒性が弱くなって冬越しが困難になるので、乾き気味にすることを心がけ、水やりは7〜10日おきに、なるべく昼前にやるようにします。

2年目以降の管理は41ページへ

真冬の冬至芽

菊花展などで購入した苗の冬越し

花つきで縁日で売っているときもある

　小さな苗は、寒さがきびしくならないうちに5号鉢に植え付けておくようにします。小さめの鉢に植えるのは、乾き気味にして過湿を避け、耐寒性を高めるためです。

北陸から始まった「突き固め植え」

昔から鉢植えの土はふんわり入れると教えられ、それが当然と考えていました。しかし今から30数年前、北陸で始まった「突き固め植え」が数年の間に全国に広まり、鉢植えの植え付け方が変わってしまったのです。

ことのはじまりは、培養土の調整でした。排水性を重視して分解の遅いカヤやススキを刻み、軽く発酵させて培養土にしたところフワフワして土が落ち着きにくく、植え付けも安定しません。そこである人が孫の野球のバットを借りて用土を突き固めて植えたところ、活着後の生育がよく、すばらしい花を咲かせました。これが注目を集め、アッという間に北陸中に広まったというわけです。

その後、菊花展（全国大会）で北陸の方が多く上位入賞を果たすようになって関心を呼び、突き固めの効果が大きいことがわかって、現在では全国的に培養土は固くつめて植えるのが常識になっています。

コンテストのようす（写真は大菊）

ガーデンでつくる

基本的な管理はプランターの場合とほとんど同じです。花壇で長く楽しむ場合の注意点としては次のようなことがあります。

堆肥で土を改良する

苗を植える前に、花壇の土を改良できるとベストです。一番簡単で効果が大きい方法は、「牛ふん堆肥」をたっぷり（理想は1坪に10ℓ）混ぜることです。牛ふん堆肥は、植物が育ちやすい土にする改良効果が大きく、その効果は1年余り続きます。含まれている肥料分もゆっくり長く効きますので失敗がありません。

牛ふん堆肥は、ホームセンターなどでも販売していますし、近くに畜産（和牛飼育、酪農）農家などがあれば分けてくれるところもあるので、探してみてください。

なお、家畜ふんの堆肥でも、豚ぷんや鶏ふんのそれはチッソやカリなどの肥料成分が多いので、土の改良よりも肥料として扱い、量も多すぎないよう注意します。

スプレーマムの切り花ガーデンづくり

広いガーデンでつくった例です。

はじめての場合は苗をたくさん購入することになるが、2年目以降は自分で苗をつくれるようになる。慣れてきたら、開花期や花色、草丈などを工夫すると楽しい

植え付け
あらかじめ植穴をあけ、鉢植えと同様に棒などで突き固めながら植える。品種名を確認し、配色に気をつける

| 4月 | 5月 | 6月 | 7月 | 8月 | 9月 |

日当たりと水はけのよい場所を選び、30〜40cmくらい間を開けて植える

生育期
プランターでつくるときと同じく、植え付け10日後くらいに摘芯する

植え付け後、生長してきたようす

支柱立て
蕾が見えてきたら支柱を立てる

花が終わって翌春冬至芽が伸びてきたようす。
2 年目はこれらをもとにつくる

10月	11月	12月	1月	2月	3月

開花

肥料はプランターの半分くらいで十分

　牛ふん堆肥をたっぷり混ぜると、その堆肥に含まれる肥料分がゆっくり長く効いてくるので、プランター栽培の半分くらいの肥料で十分よく育ちます。1株あたり20g程度のボカシ肥を、毎月1回やると花数が増えます。

水やりは晴天が続いたときだけ

　雨による水分だけでほとんど間に合うので、水やりは晴天が10日くらい続いたときだけで十分です。咲いた花を長持ちさせるためには花を雨に当てないことが大切です。開花が始まったら、花壇に支柱を立てて、ビニール傘をとりつけると日持ちします。もちろん切り花にして楽しむこともできます。

このくらい開花が始まった頃、花壇に支柱を立てて、ビニール傘をとりつけると花が長持ちする

２年目も咲かせる
—— 適期の挿し芽と植え付けで理想の咲き姿

2年目以降 の年間スケジュール

2年目からは前年に咲かせた株が残っているため、その株から苗をつくります。

	1月	2月	3月	4月	5月	6月
上旬					スプレーで防除 芽先を摘む（根分け苗の場合）	挿し芽 **増やし方 その❷**
中旬			**増やし方 その❶** 冬至芽を掘りとってポット植え（根分け苗）	植え付け（根分け苗の場合）		
下旬				スプレーで防除	苗完成（挿し芽の場合）。プランターに植え付け 植え付け1週間後に施肥	
注意事項			10cmくらいのポットに1本ずつ植えて苗をつくる	4月下旬～5月中旬は芽を切って産卵するキクスイカミキリに注意。朝9時頃スプレーで防除（害虫の産卵時間）		挿し穂は10cmくらいに切り、切り口にルートン（発根促進剤）をつける

42

	7月	8月	9月	10月	11月	12月
	芽先を摘む（挿し芽で苗をつくった場合）	ボカシ肥追肥	（モミガラくん炭施用）			花が終わったらお礼肥
						お礼肥で翌年の苗のもとになる冬至芽の発生が多くなる
	ボカシ肥追肥				満開	
		ボカシ肥追肥	着蕾			
				開花始め	花終了	開花で疲れきった株に液肥で元気回復
					液肥のお礼肥	
		ボカシ肥追肥（止肥） 支柱立て				殺虫・殺菌剤入りスプレー散布
	梅雨の間、白さび病などの病害に注意（スプレーで防除）	ボカシ肥の追肥は8月末で終了	蕾づくりにカリがたくさん必要なので、モミガラくん炭を株元にまくとよい			病害虫の越冬を防ぐ

写真提供：大西陽夫

自前で苗づくり

増やし方その❶ 冬至芽で「根分け苗」をつくる
（3月上中旬に冬至芽を掘って植えるだけ）

難易度 ★★☆

　スプレーマムを植えた翌年は、3月上～中旬に冬至芽を掘りとって、1本ずつ、9～12cmのポリポットに植え付けるだけで簡単に苗ができます。親株から離れたところに出る芽が勢いがよいので、そうした芽を積極的に選びます。

　冬至芽は、3月に入って春めいてくると、冬の寒さに耐えていたロゼット状態から旺盛な生長をする幼若期に入って、ぐんぐん生長するので、根分けするためには冬至芽があまり大きくならないうちに、早目に掘りとることが成功のカギです。

根分け苗のつくり方

冬至芽の採取
（3月上・中旬）

冬至芽があまり大きくならないうちに掘りとる
冬至芽は花が終わった株の周りに出てくる

矢印の部分で切りとる
親株から離れた芽ほど草勢が強い

切りとったらポットに1本ずつ植える。1カ月程度で苗完成

1カ月後の作業（植え付け）は29ページへ

挿し芽で苗をつくる（4月以降）

難易度 ★★☆

　4月以降に苗をつくる場合は、生長した冬至芽の芽先を10cmくらいに切りとって、切り口にルートンなどの発根促進剤をつけて挿し芽用土に挿せば、20日くらいで立派な苗ができます。切りとった芽先を「挿し穂」と呼びますが、以前は葉を3枚つけて切るのがふつうでした。しかし、私が実験した結果、挿し穂についている葉の数と発根する根の数が比例することがわかり、現在は葉をなるべく多くつけて挿すようになっています。市販の挿し芽専用用土に挿すのがベストですが、細粒の鹿沼土に「モミガラくん炭」を20%くらい混ぜたものでもよい苗ができます。

　挿し芽のあとはジョウロでたっぷり水をかけ、新聞紙1枚くらいの日除けをして、10日間くらい水をかけずに発根を待ちます。これが挿し芽のコツです。10日間も水をかけないでおくと、水が抜けた空隙に空気（酸素）が入り、発根を促します。そこで発根の始まる12日目頃、アミノ酸をたくさん含む液肥を1,000倍に薄めて散布してやると、より根数の多いよい苗に仕上がります。

簡単に折れ曲がる柔らかい部分（茎）を使う。10cmくらいの長さで葉は5〜7枚つける

あらかじめ十分に水分を含ませておく（1〜2時間）

切り口に発根促進剤（ルートンなど）をつけてから土に挿すとより発根しやすくなる

直径6cmくらいのポットに挿し芽用土をつめ、竹串などであらかじめ深い穴をあけておく

挿し芽のコツ

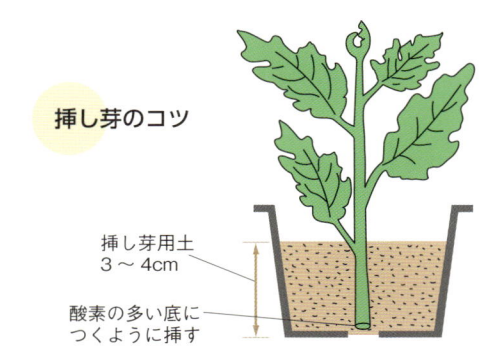

挿し芽用土
3〜4cm

酸素の多い底につくように挿す

**水だけでも
十分発根する**
コップの3分の1まで水を入れ、挿し穂をつけていても苗ができる

④であけた穴に挿し穂を挿す。20日くらいで苗完成

植え付けは29ページへ

45

伸びすぎ対策は摘芯で

　根分け苗や4〜5月に挿し芽してつくった苗を植えてそのまま育てていると、草丈が高くなりすぎて倒れやすく、鑑賞するにも具合が悪くなります。そこで、苗が15cmくらいに伸びた頃、芽の先端を摘みとります。芽を摘むのはかわいそうな感じがしますが、こうすることで数本の側芽が伸び出してきて勢いが分散され、草丈を抑えるだけでなく、花数を何倍にも増やすことができます。

　苗を早い時期（たとえば4月）に植えた場合、植えた苗をそのまま伸ばしていると草丈が伸びるだけなく「柳芽」がついて、心止まり状態になったり、変なところから芽が伸び出したりして株が乱れてしまいます。柳芽というのは、蕾をつくろうとして、まだ日長が長いため途中で止まってしまった蕾のなり損ねです。伸びすぎを防ぎ、柳芽発生のリスクを避けるうえで、早期の摘芯は重要です。

柳芽が発生したようす

伸びすぎて倒れそうな状態。開花の頃、見苦しくなってしまう

✕ 失敗例

頂点から小さく摘みとると
わき芽は上に伸びてしまう

○ 成功例

頂点から大きく摘みとるほど
わき芽は外に広がって伸びる

病気知らずのラクラク「ズボラづくり」

2年目の栽培でもっとも簡単なのは「ズボラづくり」というやり方です。苗を仕立てる必要も、もちろん買ってくる必要もありません。前年の株をそのまま使えばいいのです。

ズボラづくりの概要

梅雨明けと同時に、地際2cmでバッサリ切る

切り株からの芽吹き

2cm

梅雨明け後、牛ふん堆肥を1株500gずつ株元にたっぷりやる

梅雨明けまでは何もしない

梅雨明けまでは少し肥料をやるだけで、とくに何もしなくてよいのです。草勢が落ちない程度にときどき肥料をやっていれば、特別なことは何もしなくてよい、つまりズボラしていてよいのです。作業は梅雨が明けてからで結構です。

梅雨明けと同時にスプレーマムの株を2cmくらい残して地際でバッサリ切り、牛ふん堆肥を1株500gずつ株元にたっぷりやります。この作業をする1日だけはズボラしないで、まじめにやります。株元で切られたキクは、まもなく元気に新芽を伸ばしてきます。

地際で刈取り後、新しい芽が出てきたようす

病気などで下葉が枯れたようす

高温時に育つので病気もほとんど発生しない

白さび病や黒斑病などキクの病原菌の多くは、30℃以上になると活動できず、休眠します。梅雨明けは連日30℃を越す高温が続きます。そのため、この時期に伸びる柔らかい新芽は薬剤散布しなくても、病気にかかることなく、元気に生長するのです。

9月に入って秋らしくなり、病原菌が活動し始める頃にはスプレーマムは蕾をつけ、体の組織が丈夫になっているため、やはり病気にかかることなく、開花を迎えることになります。草丈も、生長期間が短いため伸びすぎず、80～90cmくらいで開花し、支柱がなくても倒れる心配はありません。

この栽培法は、梅雨明け直後に茎を地際で切って、牛ふん堆肥をやるという作業を1日だけまじめにやるだけで、誰でもできます。7月のカレンダーに「梅雨が明けたら切って堆肥をやる」とメモしておいてください。

ズボラづくり のスケジュール

	6月	7月	8月	9月	10月	11月	12月	1月	2月	3月
上旬							茎を切ってお礼肥			冬至芽が旺盛な生長を始める
中旬				着蕾		満開				
下旬		地際で茎を切り、牛ふん堆肥を株元にたっぷり施用			開花始め / 花終了 液肥のお礼肥		殺虫・殺菌剤入りスプレー散布		芽出し肥	
注意事項		梅雨明けと同時に茎切りと堆肥施用がポイント							3月から冬至芽が伸びるための芽出し肥をやる	

4〜7月中旬までは放任（ズボラでよい）

翌年のもとになる冬至芽の発生をよくするお礼肥（ボカシ肥）

スプレー散布で越冬病害虫を防除

価格は2018年6月現在の本体価格（税抜）です。

キクをつくりこなす

大石一史編著

978-4-540-10117-5

●2600円

短い規格の栽培や発根苗の利用、EOD-FR（日没後の遠赤色光照射）による茎伸長による栽培期間の短縮などコスト削減策を徹底追及。世界一の育種力を活かした新しいタイプで新需要を創り出す。

切り花の日持ち技術

60品目の切り前と品質保持

市村一雄編著

978-4-540-15135-4

●3500円

60品目の花の最新の「切り前」と収穫後の生理特性、品質・日持ち管理の基礎、生産・流通・消費の各段階で必要な実際技術を紹介。切り花の生産、流通、販売に関わる関係者必携の1冊。

花卉園芸学の基礎

農学基礎シリーズ

腰岡政二編著

978-4-540-12208-8

●4000円

図版や写真を多用したビジュアルなテキスト。花芽分化や開花制御、花色、香り、品質保持などの最先端の研究成果、生理から育種、栽培技術まできちんと解説。大学の教科書、花卉農家の栽培の基礎として最適。

農家が教える 切り花40種

農文協編

978-4-540-16181-0

●1700円

母の日・お盆にピタリ開花、1回の定植で何度も採花、球根・種子代を節約する方法や、長く切り続ける裏ワザなどを花つくり名人が指南。専業から趣味の花つくりまで、目からウロコの数々。

農文協出版案内
花卉の本
2018.6

キクをつくりこなす　大石一史編著

農文協
(一社)農山漁村文化協会

〒107-8668 東京都港区赤坂7-6-
http://shop.ruralnet.or.jp/
TEL 03-3585-1142　FAX 03-3585-3668

ミニサイズ！　スプレーマムの1カ月づくり

スプレーマムはきれいだけど、栽培期間が長いのがイヤという人がかなりいます。また、ミニサイズがつくりたいという人もいます。そんな方々におすすめなのが「1カ月づくり」です。

11月上旬咲きのスプレーマムは9月中旬には蕾が見えてきます。まず、この小さな蕾のついた芽先（まだ蕾が見えなくてもOK）を切って、苗をつくります。9月中旬は気候がよく、芽先は、養分をたくさん蓄えて充実しています。気温も挿し芽に最適なので、春や夏の挿し芽でうまくいかなかった人も、9月の挿し芽なら簡単に発根させられて、苗にできます。9月中旬に挿し芽をして、10月上旬には発根して立派な苗ができあがるので、写真のような小さな鉢などに植えれば、1カ月後には満開になります。どんな鉢を使ってもよく、植え方にも決まりがありませんから、好きなようにアレンジして楽しんでください。苗がたくさんできたら、花を組み合わせて模様を描いても面白いです。

1カ月づくりといってもその前段を省けるわけではないので、元の苗を植え付けてからやはり一定の時間はかかっているのですが、たとえば、だれかの育てたスプレーマムの芽先だけをもらって、それを9月に挿して咲かせれば開花まで1カ月で花を楽しむことができるのです。

9月中旬（例年12日頃）、芽先を切って小さな鉢に挿すだけ

切り花感覚で室内にも飾れる

コンテストにチャレンジ！

コンテスト（菊花展） をめざした年間スケジュール

	1月	2月	3月	4月	5月	6月	
上旬	（腐葉土切り返し）	（腐葉土切り返し）	（培養土調合）		摘芯して若い挿し穂を増やす 防除	2回目の摘芯	
中旬						ボカシ肥追肥	
下旬	親株に石灰硫黄合剤2回目	ボカシ肥の芽出し肥	ボカシ肥施用	ボカシ肥追肥 防除	ボカシ肥追肥	芽先に1,000倍ビーナイン散布	
注意事項				4月下旬〜5月中旬に芽先を加害するキクスイカミキリを防除。朝が効果大	摘心して若い挿し穂で苗をつくることで、栽培中の柳芽を防ぐ	雨の合間に病害虫防除	

52

7月	8月	9月	10月	11月	12月
大きさの揃った挿し穂を9cmポットに3本ずつ挿す…	ボカシ肥追肥	1,000倍の液肥を1〜15日は1日おきに	蕾の間隔調整	葉が元気な間に液肥をやると冬至芽が増える	花を切って液肥のお礼肥 （翌年のための腐葉土積み込み）
	伸び過ぎそうなものにビーナイン1,000倍散布 ボカシ肥追肥	着蕾	オルトランなど薬の施用	満開 葉が元気な間に液肥をやると冬至芽が増える	
苗完成					
7号鉢の鉢ふちに3本の苗を植え付け… 植え付けて1週間後に、苗と苗の間または中央にボカシ肥大さじ1 週1回、1,000倍の液肥を8月下旬まで	苗と苗の間または鉢の中央に、ボカシ肥大さじ1（止肥）		開花始め	花終了 花を切って液肥のお礼肥 （翌年のための落葉とり）	茎を地際で切ってボカシ肥のお礼肥 硫黄合剤で病害虫ダニの翌シーズンへの持ち越しを防ぐ 石灰硫黄合剤1回目
定植したら早目に支柱を立てる…		アブラムシ、ハダニの防除を10日ごとに	オルトランなどの浸透性殺虫剤でアブラムシ、スリップスを約1カ月防ぐ		硫黄合剤は鉢栽培棚まで全部に散布する 硫黄合剤が入手できなかったら、殺虫剤と殺菌剤を混合で散布する

53

7号鉢3本植え無摘芯栽培
──つくり方は簡単でも、立派なコンテスト対象

　この栽培法は、全日本菊花連盟全国大会の「スプレー菊」の公式の仕立て方です。というと、大変難しそうですが、実際に育ててみると、7号鉢の鉢ふちに同じ品種の苗を3本植え、摘芯せず（摘芯したら失格）、そのまま育てて、鉢底から花の頂天までの高さを75〜110cmにするだけです。摘芯して枝づくりをする難しさがなく、苗を植えて、肥料をやっていれば自然に育つので、初心者もぜひチャレンジしたいものです。本気で、地方のコンテスト（菊花展）、さらには全国大会に出品して、入賞を狙ってみたい方は次の点に気をつけて栽培してください。

入賞花の特徴
どの方向から見ても花が多く見え、
3本の株の高さが揃っている

苗の揃いに気をつける

栽培中に柳芽が発生すると、摘芯したような株姿になってしまいます。柳芽を防ぐため、苗は、柳芽の発生の心配のない挿し穂を用いてつくります。挿し穂は、春から伸びてきた親株の芽先を5月初旬に摘芯し、その後に伸びてきた芽をさらに6月の初めに摘芯して得られた若々しいものです。これを7月10日頃挿し芽します。

大きさの揃った3本の苗を植えてスタートしたいので、苗は多めにつくります。

支柱を縛るための穴

支柱を固定する位置に苗を植える

植え付け1週間後、苗と苗との間または中央にボカシ肥をやる

ビニタイで支柱の外側に茎を固定する。コンテストに出品する場合は支柱とビニタイの色はグリーンが指定となっている

植え付けと支柱立て

7月25日から8月10日頃が植え付けの適期です。培養土は使用する1週間前に、手で握って水気を感じる程度にあらかじめ湿らせておきます。苗は、培養土を固くつめた7号鉢のふちに、支柱を立てる穴（縛るための穴）を目印に、バランスよく配置し、さらに培養土を固くつめながら植え付けていきます。植え付け後、しばらくは根の働きが低下するため、しおれることがあります。そのため、根付くまで2〜3日のあいだ、遮光ネットで日除けします。日数は苗の状況で変わりますが、なるべく早く取り外すことが必要です。外すときは、徐々に日当たりの時間をのばしていくような感じです。

草丈が40〜50cmを超えそうになってきたら、支柱を立てるタイミングです。茎が細い品種は早目に立てます。コンテストに出品する場合、茎を固定するビニタイと支柱の色はグリーンが指定となっています。20cm間隔でとめていきます。

上根を育てるための「増し土」

以前は、培養土をふんわり入れて植えていたので、鉢やプランターがすぐに根でいっぱいになって根詰まりをおこすため何回も「増し土」が必要でした。ところが突き固め植えが広がると、そのような増し土はほとんど不要になりました。

ただし、9月に入るとスプレーマムは蕾を大きくし、花を咲かせる肥料をしっかり吸収するために地際の幹（茎）から太い根（上根）を出します。この根が順調に発生してよく働くように、株元に土をかぶせてやるのは大変効果的です。

肥料と水の加減

挿し芽でつくった小さな苗ははじめ肥料に弱いので、植え付けたときは肥料をやらず、植物活力剤（28ページ）をかけるだけにします。1週間たったら活着するので、鉢の中央または苗と苗との間にボカシ肥を大さじ1杯やって軽く培養土をかぶせます。この時期のボカシ肥は、吸収されやすいリン酸をたくさん含むものがその後の生育にも役立ちます。この日から週1回、1,000倍の液肥をやり、ボカシ肥の追肥は2週ごとに大さじ1杯ずつ、8月下旬まで続けます。

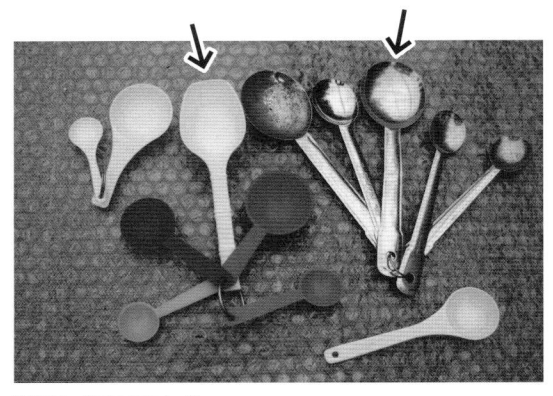

計量に使えるスプーン
カレー用のスプーンがおよそ大さじ1杯として使える（矢印が大さじサイズ）

土にムラなく水を浸み込ませることが大事
「透水源」入りの水なら短時間で土にムラなく水を浸み込ませることができ、余分な水はすばやく排水される（右）。左は水のみの場合

水やりは、過湿が禁物ですから、鉢土が乾いたのを確かめてやりますが、とくに8月は過湿にしないことが大切です。水かけして、しばらく水がたまっているようだと心配です。そのような培養土には軽石、パーライト、ゼオライトなどを10%くらい混ぜると改良できます。一方、植えたままでの排水改善は難しかったのですが、「透水源」（巻末ページ参照）という資材でかなり改善できるようになりました。これを水に1,000倍になるように加えて使用すると、水の表面張力を小さくして、かけた水が短時間で土にムラなく浸み込み、余分な水はすばやく排水されます。お陰で、根腐れしなくなり、生育もよくなり、名人クラスの水やりになります。毎日使用する場合は5,000倍に薄め、月に2回くらいの場合は1,000倍で使用し、15日ごとに使用します。

草丈の調整法

　コンテスト用のスプレーマムの 3 本植えは、どの方向から見ても美しく咲かせる必要があります。そのため 3 本の苗が同じ高さに育ち、同じようにたくさんの花を咲かせる草丈調整が大切です。大きさの揃った苗を植えても日光や風の当たり具合などちょっとした違いによって、苗の高さに差ができることがあります。そんな場合に便利な、「伸びすぎ対策」と、「生長を早める対策」があります。

伸びすぎ対策

　伸びすぎた苗の生長を抑える方法は二つあります。効果が早く確実なのはビーナインの散布で、600 倍液を伸びすぎている芽先に散布します。その効果は 20 日くらい続きますので、希望の高さになったら、ジョウロで芽先に水をかけ、ビーナインを洗い流します。

　もう一つの方法は、鳥の羽根などの柔らかいもので芽先を軽くなでる「ナデナデ法」で、希望の高さに揃うまで続けます（66 ページ）。

　コンテストで高い評価を受けるためには、たくさんの蕾をつけ、花が重ならないよう、のびのびと咲かせることです。上部の蕾が接近して、開花したときに互いが重なり合いそうなときは、蕾に花色が見えた頃、発泡スチロールの小片をはさんでおきます。こうすると花弁が重なり合うことを防いで見事に展開します。

デルフィニウム

デルフィマムの伸びすぎ対策
「デルフィマム」とは、草花のデルフィニウム（円内）に似た咲き方をするスプレーマムの系統で、日本で開発された。草姿がよいため、コンテストでは A 級品となりやすいが、草丈が高くなりやすい品種。8 月中旬（10 ～ 15 日）に 600 倍のビーナインを散布すると草丈が抑えられる。ビーナインの効果は約 20 日間なので、デルフィマムの特徴である長い花穂に悪影響を及ぼすことなく草丈を抑えられる。

発泡スチロールをはさんで花を整える
花が重ならないように発泡スチロールの小片をはさんで整形する

生長を早める対策

アミノ酸主体の液肥 1,000 倍液を芽先に散布すると生長を早めることができます。「みらい」「アミノアルファ」「トップドレッシング」などアミノ酸をたくさん含んだ液肥が効果があります。しかし、アミノ酸散布の効果は 1 日だけですので、高さが揃うまで続ける必要があります。

裏ワザとしては、伸ばしたい苗の先端から 5cm くらい下の茎に黒いテープを巻く方法もあります。黒いテープだけでも伸びるのですが、商品になっているテープには遠赤外線エネルギーをつけてあるため、より効率的です。ただし、希望の高さになったらテープを外さないと伸びすぎるので注意します。

生長を早くする黒い布テープ
使わなくなった黒い布などでもよい

コンテスト出品の準備

コンテストで入賞をねらうには、花の咲き方では、真ん中の花は周囲の花より高いことが必要です。中心花が周りの花より低い場合は賞に入れない決まりになっています。

筆者が調べた範囲では、中心花が高く咲くのは品種の特徴で、栽培技術で直すことは困難なようです。つまり、コンテスト用には中心花が他花より高く咲く品種を選ぶということです。

中心花の花首を伸ばす対策としてジベレリンを花首に塗る方法が考えられますが、塗りっぱなしにすると伸びすぎるので、適当な長さになったらビーナインを塗って止める必要があります。また、ジベレリンには開花促進の効果もあるので、頂蕾だけが早く開花し、老化も早くなります。そういう意味では使用法がきわめて難しい資材です。

出品時の高さが 75 〜 110cm と決まっていますので、花数を増やす目的で早植えした場合は 8 月中旬にビーナインの散布が必要になります。

また、花穂が長くなるデルフィマムも草丈オーバーになりやすいので、8 月中旬に 600 倍のビーナインを散布しましょう。

スプレーマムの支柱の立て方は、どの方向から見ても美しいように仕立てる、という考え方から 3 本の苗すべて鉢のふちより内側に立てる、ということになっています。伝統の「大菊盆養」に慣れた人は、正面から見て支柱は茎のうしろに立てることが身についていますので注意が必要です。

土はねや乾燥対策に水ゴケを使用していた場合は、水ゴケをきれいにとり除き、鉢土面を平らにします。冬至芽が発生している場合は冬至芽をとり除き、小鉢で管理します。最後に、鉢の汚れをきれいに洗っておくことも大切です。

オリジナル「ボカシ肥」のつくり方

●材料

油カス　……20%
骨粉　　……10%
魚粉　　……10%
米ぬか　……5%
「バイオゲン」「コウラン」などの
　　発酵促進剤……2%
モミガラくん炭……5%
以上を足した材料と同量の 50%細粒赤玉土

モミガラくん炭　　　　写真提供：大西陽夫

●つくり方

　材料を混合し、これに砂糖、木酢液を混ぜた水をかけながらさらに混ぜ合わせ、手で握ってやっとダンゴになる程度の水分量とする。それを育苗箱（縦 40cm、横 30cm、深さ 7cm）に入れ、ところどころ指で穴をあけて空気が入るようにして発酵を促し、2 ～ 3 日ごとにかき混ぜます。かき混ぜたあと、発熱しなくなったら出来上がりです。日陰で乾燥させて保存します。

　ボカシ肥の使い方はふつうの草花用肥料と同じですが、肥料分のない土を半分混ぜてぼかしているので、成分含量が少ないぶん、多くやっても大丈夫です。

育苗期のリン酸の効果

これまで、茎葉を大きく育てるのはチッソで、蕾をつけ、花を咲かせるのはリン酸、茎葉を丈夫にするのはカリだといわれ、信じてきました。しかし、どうやら少し違うらしいと最近感じています。私がおかしいぞ、と思い始めたのは、ある肥料の効果を調べてほしい、と頼まれたのがきっかけです。成分を見てみると、チッソが2、リン酸が12、カリが8となっていました。これではチッソ分が少なすぎて十分な生長はできないだろう、と思いながらテストしてみると、不思議なことにたくましく育ち、立派な花が咲いたのです。次の年も、3年やっても同じで、チッソが少なくてもよく育つ謎は解けませんでした。しかし、スプレーマムがよく育つのは事実なので、その肥料を開発したメーカーは商品化に踏み切りました。それが、21ページでも紹介した、2016年春から販売されている「スプレー菊の肥料」なのです。

「スプレー菊の肥料」が発売になってまもなく、東北農業研究センターがネギの肥料試験を行なった結果が『農業共済新聞』に紹介されていました（2016年4月27日付け）。それによると、定植前の苗に十分リン酸を吸収させると定植後の肥料を減らしても品質・収量は低下せず、さらに、その後、ふつうに肥料をやると大幅に増収する、というものでした。

育苗中の幼い苗に十分なリン酸を吸収させることでその後の肥料の吸収利用の仕組みができ、利用効率が高まるのではないかと思うようになりました。

市販の「スプレー菊の肥料」には、しっかり発酵させ吸収されやすいかたちのリン酸が12％も入っています。これを育苗初期から与えることで、肥料の吸収利用の良好なシステムができるのでよく育った、ということで、やっと謎が解けた思いでした。もちろん、リン酸は大菊などに対しても効果大です。

◎ このカードは当会の今後の刊行計画及び、新刊等の案内に役だたせて
いただきたいと思います。　　　　　　　はじめての方は○印を（　　）

ご住所	（〒　　－　　　）
	TEL：
	FAX：

| お名前 | 男・女　　　歳 |

| E-mail： | |

| ご職業 | 公務員・会社員・自営業・自由業・主婦・農漁業・教職員（大学・短大・高校・中学・小学・他）研究生・学生・団体職員・その他（　　　　　　　　　　　　　） |

| お勤め先・学校名 | 日頃ご覧の新聞・雑誌名 |

※この葉書にお書きいただいた個人情報は、新刊案内や見本誌送付、ご注文品の配送、確認等の連絡
のために使用し、その目的以外での利用はいたしません。

● ご感想をインターネット等で紹介させていただく場合がございます。ご了承下さい。
● 送料無料・農文協以外の書籍も注文できる会員制通販書店「田舎の本屋さん」入会募集中！
案内進呈します。　希望□

┌─■毎月抽選で10名様に見本誌を１冊進呈 ■─（ご希望の雑誌名ひとつに○を）─┐

①現代農業　　②季刊 地 域　　③うかたま

お客様コード　　□□□□□□□□

17.12

お買上げの本

●本書についてご感想など

●今後の出版物についてのご希望など

この本をお求めの動機	広告を見て(紙・誌名)	書店で見て	書評を見て(紙・誌名)	インターネットを見て	知人・先生のすすめで	図書館で見て

◇ 新規注文書 ◇　　郵送ご希望の場合、送料をご負担いただきます。

購入希望の図書がありましたら、下記へご記入下さい。お支払いはCVS・郵便振替でお願いします。

書名		定価 ¥		部数	部
書名		定価 ¥		部数	部

オリジナルの
ポットマムをつくろう

ポットマムとは、5〜6号鉢の鉢ふちに数本の苗を植え、1〜2回摘芯して花いっぱいに仕立てた鉢植えのことです。ポットマムの始まりは、日本の小ギクなどがアメリカに渡り、にぎやかなキクの鉢づくり用に、つくり方も品種も改良、工夫されたものです。現在、花屋さんやホームセンターで販売されているポットマムは日本でさらに改良され、種苗登録された業務用品種がほとんどなので種類が限られ、さらに、許可なく苗を増やすことが禁止されています。

ここで皆さんにおすすめするのは、専用のポットマムよりもっと多彩な花色、花型のあるスプレーマムの中から、あなた好みの品種を選び、花屋さんに売っていない、あなただけのポットマムをつくる方法です。

	1月	2月	3月	4月	5月	6月	
上旬							
中旬						挿し芽をとるための の親株摘芯	
下旬							
注意事項							

	7月	8月	9月	10月	11月	12月
			1日から1日おきに1,000倍液肥（15日まで）			
		苗完成。5号または6号鉢のふちに5〜6本植え付け				
			ビーナイン500倍散布（1回目から20日後）			
	親株の新芽に1,000倍のビーナイン散布	植え付け7日後、鉢の中央にボカシ肥小さじ1				
		摘芯	着蕾			
	挿し芽	ビーナイン500倍散布		開花始め		
		ボカシ肥追肥（止肥）	ビーナイン500倍散布（2回目から20日後）			
	ビーナイン散布1週間後に挿し芽する	挿し芽後20日で植え付け。肥料は植え付け1週間たってから		咲き始めたら水をたっぷり	満開近くなったら水を控えると花が長持ち	

植え付け直後は肥料に弱い

満開

ビーナインは雨にあてなければ20日くらい効く

品種の選び方

ポットマムに適する品種の条件は、①ビーナインがよく効くこと、②中輪であること（極端な大輪、小輪以外ならよい）、③茎、とくに花首が丈夫であること、④揃った苗がたくさんできること。花色や花型は人の好みで選べばよいのですが、一般的には明るい色彩で、ダリア咲き、ポンポン咲き、アネモネ咲きなどが人気があります。逆に、オーソドックスなシングル咲きも、ポットマムにすることで豪華になって見違えます。

左上：ダリア咲き
左下：アネモネ咲き
右　：ポンポン咲き

大きさが揃った苗をつくる

まず、前の年に花を咲かせた自宅のスプレーマムの中から好きな品種を選びます。1鉢ぶんの苗は、同じ品種の芽が5～6本必要です。この芽を7月中旬に挿し芽して苗をつくります。

なぜ挿し芽かというと、この時期（7月中旬）には根分け苗にするような冬至芽はなく、かなり成長した芽先をとって挿し芽で苗をつくるしかないからです。

大きさの揃った苗を複数用意する

ポイント1

苗の揃いが必要

ポットマムは1鉢に数本の苗を植えますが、開花時に高さが揃っている方が美しく見えますので、なるべく揃った苗を使います。

ポイント2

挿し芽の時期、用土

挿し芽の時期は、7月中旬が育てやすく、挿し芽用土は市販のものを使用します。挿し芽の手順は45ページで述べた通りです。

ポイント3

1～2度摘芯して若い芽を複数用意

春から伸びっ放しで草丈が高くなったものから挿し穂をとって挿すと、植えてまもなく柳芽（46ページ）ができて草姿が乱れてしまいますので、これを防ぐために、あらかじめ摘芯して若返らせた芽がとれるとベストです。

ポットに植え付ける

① 手頃なのは5号鉢

　苗ができたら、8月上旬に鉢（5〜6号）に植え付けます。培養土は、これまで紹介してきたもので、鉢ふちにそって同じ大きさの苗を5〜6本等間隔に植えます。植え終わったら、植物活力剤（28ページ）入りの水（水のみでもOK）をたっぷりかけ、日ざしの強い時期なので、新聞紙1枚程度の軽い日除けをします。ただし、真っ暗にしてはだめです。

位置が定まったら5〜6号鉢に植え付ける

② 苗が活着したらすぐにボカシ肥

　植え付けて1週間後に鉢の中央にボカシ肥を小さじ山盛り1杯やります。この施肥はゆっくり20日間肥効が続く基本肥料として、また、週1回やる液肥はボカシ肥を補完する速効肥料としてやります。この日から蕾が出揃うまで1,000倍液肥を水代わりに週1回、ボカシ肥を2週間ごとにはじめと同じ量与えます。

植え付けて1週間後に鉢の中央にボカシ肥を小さじ山盛り1杯やる

③ すべての芽を大きめに摘みとる

　苗が活着して3cmくらい伸びた頃、全部の苗の芽を摘みとります。これによって枝数が3〜4倍に増え、それぞれの枝先に何個も蕾をつけるので、鉢が埋まるくらい、たくさんの花が咲くようになります。

　ポットマムの出来映えは、摘芯の上手か下手かで大きく決まります。たとえば苗を植えて、十分活着して勢いづかないうちに、あわてて摘芯すると側芽の数が少なく、しかも真上に伸びてきますので、にぎやかになりません。

　コツは、苗がしっかり活着して肥料を吸って勢いづいてから、少し大きめに芯を摘むこと。こうすると数本の側芽が揃って伸びて、しかも側芽は外側に広がってくるので開花時は数倍の花で賑わいます。摘芯のコツは、決してあわてず、大きめに芽先を摘むことです。

活着してから大きめに芯を摘む

すべての苗の芽を摘んだようす

高さを揃える

難易度 ★★★

わい化剤（ビーナイン）で揃える

　花が咲いたとき草丈を 5 ～ 6 号の鉢に釣り合うようにするためには、草丈を 25cm 程度に抑える必要があります。そのため、摘芯して数日後、側芽が伸び始めたらすぐ、草丈の伸びを抑えるわい化剤（ビーナイン）を 500 倍に薄めて、苗全体に散布します。ビーナインは、1g ずつ包装されているので、500cc の水に溶かすと 500 倍液ができます。薄めた液は、小型のハンドスプレーに入れて使用し、使い残りは日の当たらない所に保存すれば何回も使用できます。

　ビーナインの効果は 20 日くらい続き、その間はガッチリと生長しますが、雨に当たったり、ジョウロで頭から水をかけたりすると効果がなくなって、急速に草丈が伸び始めます。そうなったら再度ビーナインを散布してください。また、ビーナインは散布量が多いと強く効き、少ないと効き目が弱くなります。ビーナインの効果は品種によっても違うので、2 回目以降のビーナイン散布の際は、1 回目のようすを見て草丈が伸びているものには散布量を多く、薬がよく効いて草丈の低いものには散布量を少なくすると、全体的に揃った生育になります。

溶液が苗全体にかかるよう散布する

難易度 ★★☆

朝・夕「頭ナデナデ」で揃える

　ビーナインなどの薬品を使いたくない場合は、鳥の羽根など、柔らかいもので毎日朝と夕方の 2 回、芽先に触れてやると、草丈を抑えることができます。この方法はコンテストへの出品前の最終調整技術でもあります。芽先に触られたキクは、そこから病原菌が侵入するのを防ぐため、微量のエチレンを出すのですが、そのエチレンが生長を抑える働きをするのです。

芽先を羽毛でなでて生長を抑える
筆者は、小学校などでキクづくりの指導をするとき、登校したら「おはようナデナデ」、下校のときは「さよならナデナデ」と、芽先に触れる育て方で草丈をうまく調整している

●ポットマム栽培まとめ●

挿し芽時期	7 月 10 ～ 15 日頃
5 ～ 6 号鉢への植え付け	8 月 1 ～ 5 日頃
肥　料	鉢に植えて 1 週間後、鉢の中央にボカシ肥を小さじ 1 杯やり、この日から 1,000 倍の液肥を週 1 回、水代わりに与える
摘　芯	苗が 3 ～ 4cm 伸びた頃、1cm くらい芽を摘む
ビーナイン散布	摘芯後、側芽が 1cm くらい伸びた頃から、500 倍液を 20 日ごとに散布

オリジナル品種づくりにチャレンジ

難易度 ★★☆

「新品種をつくるなんて、そんなこと専門家でなくては無理」と思われるでしょうが、そうでもないのです。少しの努力と幸運によってどんなすばらしい品種が生まれるかわかりません。

スプレーマムは、開花すると花芯のまわりから黄色い花粉が出始め、中心に向かて花粉の放出が広がっていきます。そしてまもなく、花芯の周辺からy字型のメシベが伸びだし、メシベの先端が粘液でぬれてきたら交配のチャンスです。

交配したい花の花粉を細い絵筆の先にとり、粘液の出ているメシベにつけてやります。花弁がしおれてきたら茎葉のついた状態で切って雨の当たらないところに吊るし、種子を熟成させます。葉が枯れたら、種子をポリ袋に入れて保存して春を待ちます。種子をまくのは4月上旬が適期で、種まき用土のピートバンなどにまくと数日で発芽します。

本葉が数枚に育ったら小鉢に1本ずつ植え、ときどき肥料をやって育てると、早いものは10月下旬から遅いものでも11月下旬までに開花するので、花色、花型の気に入ったものを選抜します。

スプレーマムの遺伝子は非常に複雑で、赤花と白花を交配してもピンクの花が出るとは限らず、いろいろな花色、花型のものが出てきます。それらの中から好みの花色、花型のものを選び、名前をつければ新品種の誕生となるわけです。

名前をつけたあとは、挿し芽で増やして友だちや仲間に広めることもできます。

筆者が育成した品種「白雪姫」。
名付け親は地元の小学生

資料

注意が必要な病気

　もっともやっかいな病気は白さび病です。5〜7月と9月の発生が多いので注意が必要です。ほかには黒斑病（こくはん）と褐斑病（かっぱん）が重要病害です。農薬で防除する場合は、ラリー、サプロール、トップジン、ベンレートなどが有効です。

　病気には農薬で対処するのが一般的ですが、発生を予防する効果がある、シリカを含む植物活力剤（「元気に専科」「ウルトラパワーイオン」）もあります。これらを週1回、1,000倍で株元にやっていると、ほとんど病気が発生しなくなります。筆者は、水やりのたびに1,000倍に溶かして使用した結果、4年間、殺菌剤を1回も使用しないですみました。

　二つの活力剤の共通した効果は、

・二価鉄イオンによって、光合成能力と植物の生命力を高める。
・トレハロースによって生育旺盛となり、耐寒性、対暑性、耐乾力など、不良環境耐性を高める。
・シリカによって根の働きを強化するとともに、葉の表面にシリカの幕をつくって病原菌の侵入を防ぐ。

　また、個別の特色として、「元気に専科」には虫が嫌うニンニクと、トウガラシを溶かし込んだ竹酢液を加えてあるため、害虫の被害も軽減できます。

白さび病（葉裏）
袋のように見えるのが冬胞子堆（ふゆほうしたい）で、それが破れると胞子が飛散して広がる（写真提供：新井眞一）

黒斑病

褐斑病

注意が必要な害虫

アブラムシとスリップス類

スプレーマム栽培のほとんど全期間、汁を吸って加害するのはアブラムシとスリップス類（アザミウマとも呼ばれる）です。どちらも小さくて、気がついたら大発生していることが多いので注意しましょう。

ハダニ

同じく小さな害虫で油断ができないのは、ハダニです。ごく小さいクモの形をした害虫で、春から8月末までは葉裏にいて汁を吸ってキクを弱らせますが、9月に入ると、芽先に登ってきます。花が咲き始めると、花に集まって汁を吸います。ハダニの数が多いと、花房が糸で覆われ、花はしぼんで枯れてしまいます。

オンブバッタのつがい

最近増えているキクスイカミキリの被害のようす

ハダニが大発生したようす

ヨトウムシ

食害の激しいのはヨトウムシです。大きくなると、昼間は土にもぐって隠れ、夜になるとキクに登ってきて大量に食害するので、「夜盗虫」と呼ばれます。ヨトウムシの親蛾は、1枚の葉裏に100個くらいの卵をかためて産卵します。ふ化した幼虫は集団でその葉の裏をかじって食べ、1枚の葉裏を食べ終わると、分散して盛んに食害するようになります。ですから、葉裏に群がっている間に見つけて、その葉をちぎって処分すれば、葉1枚の被害ですみます。

オンブバッタ

葉を食べるオンブバッタは、頭のとがった緑色のバッタで、メスのバッタがオスのバッタをおんぶしているのを見かけます。バッタは仲間の匂いに集まってくる性質がありますので、1匹見つけたら、すぐ防除する必要があります。

キクスイカミキリ

キクスイカミキリは体長1cmくらいの小さなカミキリムシで、キクの新芽を二段に切って卵を産みます。ふ化した幼虫は茎の中を食べながら下にすすみ、9月に地表に達したところで蛹になり、4月下旬〜5月中旬に成虫になって加害します。被害を未然に防ぐには「元気に専科」を1,000倍で株元に注入します。

キクキンウワバ

　6月以降、キクスイカミキリとともに近年被害が増えている害虫が、キクキンウワバです。成虫は羽に金色の筋があり、キクの中段の葉裏に1個ずつ卵を産み、ふ化した幼虫は何枚もの葉を少しずつかじってまわります。1匹で何枚もの葉を傷付けてしまう厄介者です。

　害虫も初期防除が大切で、ホームセンターなどで販売している、薄めずすぐ使用できる「殺虫・殺菌剤」を、虫や食害跡を見つけたらすぐ散布するようにします。

　なお、アブラムシとスリップス類については散布回数が多くなって大変なので、土表面にまいてキクの根から吸収させて植物全体に効果がおよぶ粒剤（オルトランやアドマイヤー、ベストガードなどの浸透性殺虫剤）の使用がおすすめです。この類の殺虫剤は20日くらい効果が続きます。

生理的障害

　順調に元気に育っていたキクが、9月に入って急に下葉が枯れ上がってくることがありますが、これは病気ではありません。9月に入ると蕾がつきますが、この蕾を大きくするためには、これまで以上のカリが必要になります。与えた肥料でカリの必要量を満たしていればいいのですが、足りないと、下葉に含まれるカリを蕾に送るようになり、下葉は次第に枯れ上がっていくのです。

　対策としては、カリをたくさん含むモミガラくん炭を9月初めに土の上面にまいてやることです。量は、1株にコップ1杯ほどです。

　またカリ肥料で対応する場合は「硫酸カリ」がありますが、9月上〜中旬は1日おきに液肥を与えるので、その際にカリ分の多いものを選んでやるとよいです。

下葉の枯れ上がり

肥料と活力剤 (2018年現在)

区分	肥料名	形態	成分%				発売元・特徴など
			N	P	K	Mg	
乾燥肥料	菊養源	粉	6	6	5		ウチダケミカル
	スプレー菊の肥料	粒	2	12	8	4	ウチダケミカル　小苗の頃やると効果大
	アミノパワー	粒	5	5	2		ウチダケミカル
	菊乾燥肥料	粉	8	8	6	1	国華園
長効き元肥	グリーンキング	粒	6	5	2		マルタ小泉　60日有効
	グリーンソフト	粒	7	6	3	1	マルタ小泉　50日有効
	マグァンプK	粒	6	40	6	15	ハイポネックス
液体肥料	スプレー菊の液肥	液	5	5	5		ウチダケミカル　アミノ酸入
	アミノP.K	液	3	7	2		ウチダケミカル　アミノ酸入
	みらい	液	2	4	2		ウチダケミカル　アミノ酸入
	大菊液肥-V	液	5	5	5	1	国華園
	大菊液肥-アミノ	液	7	8	7		国華園　アミノ酸入
	トップドレッシングGK365	液	3	6	5		マルタ小泉　アミノ酸入
植物活力剤	元気に専科	液	二価鉄、トレハロース、シリカ、ニンニク、トウガラシ、Mg				ウチダケミカル
	ウルトラパワーイオン	液	二価鉄、トレハロース、シリカ、Mg				フォーネクスト
	リキダス	液	コリン、フルボ酸、アミノ酸				ハイポネックスジャパン
	HB-101	液	植物抽出液				フローラ
	ウルトラKING	液	ビタミン、微量要素、アミノ酸				国華園
	鉄力あくあ	液	二価鉄				アイコーサービス
	メネデール	液	二価鉄				メネデール
	万田31号	液	植物酵素				万田発酵

肥料・資材などの問い合わせ先 (2018年現在)

会社名	郵便番号	所在地	代表的な取り扱い製品	TEL
㈱石黒商事	939-8003	富山市西公文名町6-18	鉢、支柱、ビニタイ、もくさくエース	0764-22-1496
㈲ウチダケミカル	300-4204	つくば市作谷1711-12	スプレー菊の土、スプレー菊の肥料、元気に専科、さし芽用土、透水源	029-869-1777
㈱国華園	594-1125	和泉市善正町10	菊培養土、鉢、支柱、ラベル、菊乾燥肥料、ウルトラKING	0725-92-2737
イノチオ精興園㈱	720-1264	福山市芦田町福田1270	ピュア酸素、ファイトマジック	084-950-0151
南出㈱	513-0801	鈴鹿市神戸7丁目8-5	自動給水プランター、とんでもないポット、くるくるストップベルト、アースピート	059-382-0040
㈱フォーネクスト	285-0837	佐倉市王子台5-9-19	ウルトラパワーイオン、根茂土、茎のばす黒テープ、テラコッテム	043-461-0977
アイコーサービス㈱	476-0003	東海市荒尾町上平井52	鉄力あぐり、鉄力あくあ、有機1号	052-689-3736
㈱サンソが一番	530-0003	大阪市北区堂島2-3-36-5F	サンソが一番、乾燥肥料	0120-31-8721
マルタ小泉商事㈲	250-0204	小田原市曽我谷津612	グリーンキング、グリーンソフト、トップドレッシングGK365、どんとこい	0465-42-0737
マルト	520-1231	滋賀県高島市安曇川町川島1632-9	リンサンコウジ、菊太郎、バイムフード	0740-34-0953
㈱フローラ	510-0855	四日市市馳出町3-39	HB-101	0593-45-1261
㈱ハイポネックスジャパン	553-0001	大阪市福島区海老江5-1-1	ハイポネックス、マグァンプK、リキダス	06-6396-1119
万田発酵㈱	722-2192	尾道市因島重井町5800-95	万田31号、アミノアルファ	0120-85-3732
メネデール㈱	530-0004	大阪市中央区高麗橋4-4-9	メネデール	06-6209-8041
キメラ商事㈱	814-0162	福岡市早良区星の原団地70-402	キクヨウ	092-862-5641
㈱竹村電機製作所	171-0021	東京都豊島区西池袋2丁目29-11	pH計、ECメーター	03-3984-1371
㈱緑産	419-0104	静岡県四方郡函南町畑191-5	コーヒー堆肥、茶がら堆肥	055-974-1662

農薬

（2018年現在／実際の使用にあたっては各農薬のラベル表示を確認して、適正な利用をはかってください）

○殺菌剤

薬剤名	成分分類	対象
サプロール乳剤	EBI剤	白さび病
サンヨール	銅殺菌剤	うどんこ病、灰色かび病、褐斑病、黒斑病、白さび病、アブラムシ類、ハダニ類
ジマンダイセン水和剤	有機硫黄殺菌剤	黒星病、さび病、炭疽病、灰色かび病、べと病
ステンレス	有機硫黄殺菌剤	黒さび病、黒斑病、白さび病
セイビアーフロアブル20	その他合成殺菌剤	灰色かび病
ダコニール1000	有機塩素剤	うどんこ病、褐斑病、黒斑病
トリフミン水和剤	EBI剤	うどんこ病、白さび病
バスアミド微粒剤	土壌殺菌剤	青枯病、萎黄病、萎凋病、株腐病、白絹病、立枯病、ネコブセンチュウ、センチュウ類（ハガレセンチュウ除く）他
ベンレート水和剤	ベンゾイミダゾール系	褐斑病、黒斑病、白さび病
ラリー乳剤	EBI剤	白さび病

○殺虫剤（＊は浸透性殺虫剤）

薬剤名	成分分類	対象
アディオン乳剤	ピレスロイド系	アブラムシ類、カメムシ類、ハマキムシ類、ヨトウムシ類
アドマイヤー1粒剤＊	ネオニコチノイド系	アブラムシ類、アザミウマ類
アファーム乳剤	マクロライド系	オオタバコガ、ハモグリバエ類、ミカンキイロアザミウマ、ヨトウムシ類
オルトラン粒剤＊	有機リン系	アザミウマ類、アブラムシ類、ヨトウムシ類、ネキリムシ類、ハモグリバエ類
オンコル粒剤5＊	カーバメート系	アザミウマ類、ミカンキイロアザミウマ、ミナミキイロアザミウマ
カルホス乳剤	有機リン系	オンシツコナジラミ若齢幼虫、マメハモグリバエ
コテツフロアブル	その他合成殺虫剤	アワダチソウグンバイ、オオタバコガ、ハダニ類、ミカンキイロアザミウマ、ミナミキイロアザミウマ、ヨトウムシ類
スプラサイド乳剤40	有機リン系	オンシツコナジラミ
スミチオン乳剤	有機リン系	アオムシ、バッタ類、ハマキムシ類、アザミウマ類、アブラムシ類、カメムシ類、フラーバラゾウムシ、ヨトウムシ類
ダントツ粒剤＊	ネオニコチノイド系	アザミウマ類、アブラムシ類、マメハモグリバエ
ディプテレックス乳剤	有機リン系	ヨトウムシ類
トリガード液剤	IGR	マメハモグリバエ、ハモグリバエ類、クロバネキノコバエ類
トレボン乳剤	ピレスロイド系	アブラムシ類
ベストガード粒剤	ネオニコチノイド系	アブラムシ類、マメハモグリバエ、ミカンキイロアザミウマ
マラソン乳剤	有機リン系	アブラムシ類、ハダニ類、ヨトウムシ類
モスピラン粒剤＊	ネオニコチノイド系	アザミウマ類、アブラムシ類、ハモグリバエ類、ミカンキイロアザミウマ

（＊の各薬剤は一剤を連用せず、種類を変えて使う）

○殺ダニ剤

薬剤名	成分分類	対象
カネマイトフロアブル	アセキノシル系	ハダニ類
コロマイト乳剤	ミルベメクチン剤	ハダニ類、ハモグリバエ類
ダニカット乳剤20	アミトラズ剤	ハダニ類
ダニサラバフロアブル	シフルメトフェン剤	ハダニ類
ダニ太郎	ビフェナゼート剤	ナミハダニ
テデオン乳剤	テトラジホン剤	ハダニ類
ニッソラン水和剤	ヘキシチアゾクス剤	ハダニ類
バロックフロアブル	エトキサゾール剤	ハダニ類
ピラニカEW	テブフェンピラド剤	アブラムシ類、ハダニ類

○成長調整剤、ナメクジ誘殺剤

薬剤名	成分分類	対象
オキシベロン液剤	植物成長調整剤	発根促進
ジベレリン液剤	植物成長調整剤	発芽促進、開花促進、草丈伸長促進
タチガレン液剤	土壌殺菌剤	発根促進
ビーナイン顆粒水溶剤	植物成長調整剤	節間の伸長抑制
ナメキール	メタアルデヒド粒剤	ナメクジ類、カタツムリ類
ナメトックス	メタアルデヒド粒剤	ナメクジ類、カタツムリ類、アフリカマイマイ
ナメクジ退治	燐酸第二鉄粒剤	ナメクジ類、カタツムリ類
ナメクジバリア粒剤	リンゴ酸	ナメクジ類

各地の日長 (時間)

月/日	那覇	宮崎	福岡	高知	山口	岡山	鳥取	大阪
8/9	13.12	13.30	13.36	13.36	13.37	13.39	13.43	13.39
8/14	13.06	13.21	13.27	13.27	13.28	13.30	13.33	13.30
8/19	**12.59**	13.13	13.18	13.18	13.19	13.21	13.23	13.21
8/24	12.52	13.04	13.08	13.08	13.09	13.10	13.13	13.11
8/29	12.45	**12.56**	**12.58**	**12.59**	**13.00**	**13.00**	13.03	13.01
9/3	12.37	12.46	12.48	12.49	12.49	12.50	**12.52**	**12.50**
9/8	12.30	12.36	12.38	12.39	12.39	12.40	12.41	12.40
9/13	12.22	12.26	12.28	12.28	12.28	12.29	12.30	12.29
9/18	12.15	12.17	12.18	12.18	12.18	12.19	12.20	12.18
9/23	12.07	12.07	12.08	12.07	12.07	12.08	12.08	12.07
9/28	12.00	11.58	11.58	11.57	11.57	11.57	11.57	11.57
10/3	11.52	11.48	11.47	11.47	11.47	11.46	11.46	11.46
10/8	11.44	11.39	11.37	11.37	11.37	11.36	11.35	11.35
10/13	11.36	11.29	11.27	11.27	11.26	11.25	11.24	11.24
10/18	11.29	11.20	11.17	11.17	11.16	11.15	11.14	11.14
10/23	11.22	11.11	11.07	11.07	11.06	11.04	11.03	11.04
10/28	11.16	11.02	10.58	10.57	10.56	10.54	10.53	10.55
11/2	11.09	10.53	10.49	10.48	10.46	10.45	10.43	10.45
11/7	11.02	10.45	10.40	10.39	10.37	10.36	10.33	10.35

月/日	名古屋	富山	新潟	東京	仙台	青森	札幌
8/9	13.41	13.47	13.52	13.42	13.53	14.03	14.13
8/14	13.31	13.37	13.41	13.32	13.42	13.51	14.00
8/19	13.22	13.27	13.30	13.23	13.32	13.40	13.48
8/24	13.12	13.16	13.19	13.12	13.20	13.27	13.34
8/29	13.02	13.05	13.08	13.02	13.09	13.15	13.21
9/3	**12.51**	**12.54**	**12.56**	**12.51**	**12.56**	13.02	13.06
9/8	12.41	12.43	12.45	12.41	12.44	**12.49**	**12.52**
9/13	12.30	12.31	12.32	12.30	12.32	12.35	12.37
9/18	12.19	12.20	12.20	12.19	12.21	12.22	12.23
9/23	12.08	12.08	12.08	12.08	12.08	12.08	12.08
9/28	11.57	11.57	11.56	11.57	11.56	11.55	11.54
10/3	11.46	11.45	11.44	11.46	11.44	11.42	11.40
10/8	11.35	11.33	11.32	11.35	11.32	11.29	11.26
10/13	11.24	11.22	11.20	11.24	11.19	11.15	11.06
10/18	11.14	11.11	11.08	11.13	11.07	11.02	10.57
10/23	11.04	11.05	10.56	11.02	10.55	10.49	10.43
10/28	10.54	10.49	10.45	10.52	10.44	10.37	10.30
11/2	10.44	10.39	10.35	10.42	10.34	10.25	10.17
11/7	10.34	10.29	10.25	10.33	10.24	10.13	10.04

※太字は花芽分化する日長13時間を切る日。日長は9月23日には全国ほぼ同じになり、以降北の方が短くなる。
　もっとも開花が進むのが早い日長11 〜 10時間に達するのは北ほど早い。

苗の入手先とおすすめ品種 (2018年現在)

イノチオ精興園　　　〒720-1264　広島県福山市芦田町福田1270　　TEL.084-950-0151　FAX.084-950-0196
南砺市園芸植物園　　〒939-1552　富山県南砺市柴田屋128　　　　TEL.0763-22-8711　FAX.0763-22-8741
国華園　　　　　　　〒594-1192　大阪府和泉市善正町10　　　　　TEL.0725-92-2737　FAX.0725-92-1011

品種名	花色	開花期	特色	入手先
南砺ピンクパーフェクション	ピンク	11月	やや濃い桃色、大輪	南砺市園芸植物園
南砺ブライダルブーケ	白	11月	純白・緑心、大輪	南砺市園芸植物園
南砺フレーミングレッド	赤	11月	花弁は長く大輪	南砺市園芸植物園
南砺ゴールデンブーケ	黄	11月	オレンジ黄、半球形の花房	南砺市園芸植物園
南砺レモニー	レモン黄	11月	淡いレモン色、大輪	南砺市園芸植物園
ネルウェイ	白	11月上旬	デルフィマム	イノチオ精興園
モッピー	ピンク	10月下旬	八重、デルフィマム	イノチオ精興園
クロエ	ピンク	10月下旬	大輪	イノチオ精興園
グリーンスピアー	グリーン	11月上旬	緑菊、八重	イノチオ精興園
ラッスン	ピンク	9月下旬	ポンポン咲き	イノチオ精興園
フェルディ	ピンク	11月上・中旬	アネモネ咲き	イノチオ精興園

苗の入手は、まずはお近くの園芸店やホームセンターへ。
上記メーカーなどから取り寄せることもできます。

著者略歴

上村　遙（かみむら　はるか）

昭和9年、鹿児島県生まれ。昭和32年、宮崎大学農学部卒。
元宮崎県総合農業試験場長。
著書に『決定版　図解 菊つくりコツのコツ』『菊つくりなん
でも相談室』、共編著『菊作り名人奥技』全3巻（以上、いず
れも農文協）など。

撮影

鈴木迅（3〜7p、8p上、10〜12p、13p下段、14p左上、
14p上段中、14p左下、15p、19p、21p、23p、25p、33p、
34p上、37p、39p下、41p、49p下、69p）

はじめてのスプレーマム
変わり咲きを楽しむ

2018年6月20日　　第1刷発行

著　者●上村　遙

発行所●一般社団法人 農山漁村文化協会
　　　　〒107-8668　東京都港区赤坂7丁目6-1
電　話●03（3585）1141（代表）　03（3585）1147（編集）
ＦＡＸ●03（3585）3668　振　替●00120-3-144478
ＵＲＬ●http://www.ruralnet.or.jp/

DTP製作／㈱農文協プロダクション
印刷・製本／㈱シナノ

キヨミさんの
庭づくりの小さなアイデア

長澤淨美著　1,600円＋税

多年草を中心に年に二回、少しだけ一年草で季節のアクセントを添える、直まき＆こぼれダネを生かして狭小スペースをナチュラルに盛り上げるなど、主婦感覚で始めるローコスト・ローメンテの庭づくりの実際。

農家が教える
切り花40種

農文協編　1,700円＋税

母の日・お盆にピタリ開花、一回の定植で何度も採花、球根・種子代を節約する方法や、長〜く切り続ける裏ワザなどを花つくり名人が指南。専業から趣味の花つくりまで、目からウロコの数々。取り上げた花は40種。

種から育てる
花つくりハンドブック

渡辺とも子著　1,400円＋税

貴重な芽ばえの写真とともに、草花169種の種からの育て方を詳細に解説。発芽温度などデータ欄も充実。種まき時期別の分類で、今すぐ育てられる花が早わかり。耐暑性・耐寒性をふまえた夏越し・冬越しの方法も紹介。

鹿沼土だけで楽しむ
洋ラン・ミニ観葉

宮原俊一著　1,400円＋税

素人には難しいとされる洋ランや観葉植物を、「根腐れ知らず」のお手軽栽培で楽しむ本。受け皿に水をためてもOK、葉水いらず、移動不要といった常識破りのテクニックを会得すれば、誰にでも気軽に楽しめる。

カラー図解
群境介のミニ盆栽コツのコツ

群境介著　2,000円＋税

タネ、苗から自分で仕立て、小さな鉢植えの感覚で誰もが楽しめるミニ盆栽。タネや苗（素材）の入手法、育て方、樹形のつくり方、改作法など、全ての作業のコツと楽しみ方を、初心者にもわかりやすくオール図解で公開。

（価格は改定になることがあります）